AF271960

Algoritmos en la Sombra

La Influencia Oculta en Nuestras Decisiones Diarias

Manuel Jesús Martín Mena

Algoritmos en la Sombra

© Manuel Jesús Martín Mena, 2025

Editorial: BoD · Books on Demand, Calle de Manzanares, 4, 28005 Madrid, bod@bod.com.es
Impresión: Libri Plureos GmbH, Friedensallee 273, 22763 Hamburg (Alemania)

ISBN: 978-84-1373-114-8

Contenido:

Bienvenido/a:

En el corazón de nuestra sociedad digital, los algoritmos se han convertido en los arquitectos invisibles de nuestra experiencia cotidiana. Cada clic, cada interacción en línea, cada decisión que tomamos está sutilmente guiada por líneas de código que operan en las sombras de nuestra realidad digital. Este libro nace de la necesidad de comprender cómo estas entidades matemáticas están transformando radicalmente la manera en que percibimos, interactuamos y comprendemos el mundo que nos rodea.

La omnipresencia de los algoritmos es tan profunda que resulta casi imperceptible. Cuando despertamos y revisamos nuestro teléfono, cuando buscamos información en internet, cuando nos conectamos a las redes sociales o cuando recibimos recomendaciones de productos, películas o música, estamos siendo constantemente navegados por sistemas algorítmicos que anticipan nuestros deseos, moldean nuestras preferencias y condicionan nuestras decisiones.

No se trata de un fenómeno tecnológico abstracto, sino de una realidad que atraviesa cada aspecto de nuestra vida moderna. Los algoritmos no son simples herramientas neutrales, sino poderosos filtros que seleccionan, organizan y presentan información de maneras que modifican nuestra comprensión de la realidad. Son como lentes invisibles que alteran nuestra percepción, creando burbujas personalizadas que nos aíslan de perspectivas diferentes y refuerzan nuestras propias creencias.

La personalización algorítmica ha llegado a un punto tal que cada individuo experimenta un universo digital único, construido a medida de sus intereses, comportamientos y preferencias previas. Las plataformas digitales se han convertido en espejos que nos devuelven una imagen del mundo cada vez más fragmentada y menos diversa.

Pero este libro no busca demonizar la tecnología, sino comprenderla críticamente. Representa un viaje de exploración que nos invita a desentrañar los mecanismos ocultos que gobiernan nuestra experiencia digital. Queremos revelar cómo estos sistemas matemáticos están reconfigurando las dinámicas sociales, políticas y económicas de nuestra era.

Nos sumergiremos en los entresijos de los algoritmos que dominan redes sociales, motores de búsqueda, plataformas de streaming y sistemas de recomendación. Analizaremos casos concretos que ilustran su impacto, desde la viralización de contenidos hasta la influencia en procesos electorales, pasando por la configuración de burbujas de información que limitan nuestra capacidad de comprensión del mundo.

No se trata solo de un análisis técnico, sino de una reflexión profundamente humana sobre cómo la tecnología está transformando nuestra capacidad de percibir, decidir e interactuar. Exploraremos los desafíos éticos que surgen cuando sistemas matemáticos comienzan a tomar decisiones que tradicionalmente correspondían a los seres humanos.

¿Estamos siendo testigos de una revolución silenciosa donde los algoritmos se convierten en los nuevos mediadores de la experiencia humana? ¿Hasta qué punto nuestra libertad de elección está siendo condicionada por sistemas que pretenden conocernos mejor de lo que nosotros mismos nos conocemos?

Este libro es una invitación a la reflexión crítica, un llamado a la conciencia sobre los mecanismos que dan forma a nuestra realidad digital. No buscamos generar temor, sino comprensión. No pretendemos rechazar la tecnología, sino utilizarla de manera más consciente y responsable.

Nuestra intención es empoderar al lector, proporcionándole herramientas para navegar de manera más crítica en un mundo cada vez más mediado por algoritmos. Porque comprender estos sistemas no es solo un ejercicio intelectual, sino una necesidad fundamental para ejercer nuestra autonomía en la era digital.

Prepárate para un viaje fascinante al corazón de los algoritmos, esos constructores silenciosos de nuestra realidad contemporánea.

Capítulo 1 - El Poder de los Algoritmos

En la era digital actual, los algoritmos se han convertido en los arquitectos invisibles de nuestra experiencia en línea, tejiendo silenciosamente una red de influencia que moldea cada interacción, cada decisión y cada fragmento de información que consumimos. Aunque parezcan ser simples líneas de código matemático, los algoritmos son mucho más que eso: son sistemas complejos de inteligencia artificial diseñados para procesar, analizar y predecir comportamientos humanos con una precisión asombrosa.

Imaginemos los algoritmos como cerebros digitales que habitan en las entrañas de nuestros dispositivos, constantemente aprendiendo, adaptándose y reconfigurándose según nuestras acciones más insignificantes. Cada clic, cada like, cada búsqueda o scrolleo se convierte en un dato que estos sistemas procesan para comprendernos mejor. No son meras herramientas pasivas, sino entidades dinámicas que anticipan nuestros deseos antes incluso de que seamos conscientes de ellos.

Su origen se remonta a los primeros días de la computación, cuando matemáticos y científicos comenzaron a desarrollar procedimientos sistemáticos para resolver problemas complejos. Sin embargo, la revolución algorítmica que experimentamos hoy tiene poco que ver con aquellos primeros algoritmos rudimentarios. Ahora, alimentados por inmensas cantidades de datos y potenciados por el machine learning, estos sistemas pueden realizar tareas que hace poco parecían propias de la ciencia ficción.

Las plataformas digitales se han convertido en el terreno de juego perfecto para la experimentación algorítmica. Cada red social, cada motor de búsqueda, cada servicio de streaming utiliza algoritmos sofisticados que personalizan nuestra experiencia con una precisión milimétrica. Spotify adivina nuestros gustos musicales, Netflix nos recomienda series que parecen extraídas directamente de nuestros sueños, y Google anticipa nuestras consultas antes de que siquiera terminemos de escribirlas.

Este poder predictivo no surge de la nada. Los algoritmos construyen perfiles detallados basados en nuestro comportamiento digital, creando modelos matemáticos que representan nuestras preferencias, miedos, deseos y patrones de consumo. Es como si tuviéramos un doble digital que nos observa y nos comprende incluso mejor que nosotros mismos.

Sin embargo, esta sofisticación no está exenta de complejidades éticas. Los algoritmos pueden ser tan precisos como problemáticos, reproduciendo sesgos inconscientes, reforzando estereotipos y creando burbujas de información que limitan nuestra comprensión del mundo. No son sistemas neutrales, sino constructos profundamente influenciados por los datos con los que se les alimenta y por los criterios de sus creadores.

La transparencia se vuelve entonces fundamental. Comprender cómo funcionan estos sistemas no es solo un ejercicio de curiosidad tecnológica, sino una necesidad ciudadana. Debemos desarrollar una alfabetización algorítmica que nos permita navegar conscientemente en este ecosistema digital, entendiendo que detrás de cada recomendación, cada resultado de búsqueda, hay un complejo sistema que está constantemente evaluándonos.

Los algoritmos representan uno de los mayores experimentos sociales de la historia moderna. No son simples herramientas tecnológicas, sino verdaderos mediadores de nuestra realidad contemporánea, capaces de influir en nuestras percepciones, decisiones y hasta en nuestra forma de comprender el mundo que nos rodea.

En la era digital actual, la personalización de la información se ha convertido en un fenómeno omnipresente que transforma radicalmente nuestra experiencia de consumo de contenidos. Las plataformas tecnológicas han desarrollado sofisticados mecanismos que adaptan la información que recibimos de manera casi imperceptible, creando una experiencia única y aparentemente diseñada exclusivamente para nosotros.

Cada clic, cada like, cada segundo que pasamos observando una publicación se convierte en un dato precioso para los algoritmos. Estos sistemas de inteligencia artificial trabajan incansablemente para comprender nuestros gustos, preferencias, comportamientos y hasta nuestros estados emocionales. El resultado es una experiencia digital altamente personalizada que parece conocernos mejor que nosotros mismos.

Las redes sociales son quizás el ejemplo más evidente de este fenómeno. Cuando ingresas a Facebook, Instagram o Twitter, lo que ves no es un flujo cronológico de contenidos, sino una selección meticulosamente diseñada por algoritmos que predicen qué publicaciones te mantendrán más tiempo conectado. Cada publicación, cada anuncio, cada recomendación está calculada matemáticamente para capturar tu atención.

Los motores de búsqueda como Google han perfeccionado aún más esta técnica. Dos personas pueden buscar exactamente la misma palabra y recibir resultados completamente diferentes basados en su historial de navegación, ubicación geográfica, edad, preferencias previas e incluso su perfil psicográfico. Esta personalización crea lo que los expertos denominan "burbujas de información", donde únicamente confirmamos lo que ya creemos, eliminando la posibilidad de encontrar perspectivas diferentes.

El proceso de personalización no es neutral. Los algoritmos están programados con sesgos inherentes que reflejan los valores y perspectivas de sus creadores. Un algoritmo no es un sistema objetivo, sino una construcción matemática que representa una visión particular del mundo. Cuando una plataforma decide qué contenido mostrarte, está tomando decisiones que pueden reforzar prejuicios existentes o limitar tu exposición a ideas diversas.

La personalización algorítmica también tiene profundas implicaciones psicológicas. Al recibir constantemente contenidos que confirman nuestras creencias previas, se genera un fenómeno de "sesgo de confirmación" digital. Nos sentimos cómodos y validados, pero en realidad estamos siendo conducidos sutilmente hacia una visión cada vez más estrecha y fragmentada de la realidad.

Las empresas de tecnología justifican estos sistemas argumentando que mejoran la experiencia del usuario. "Te mostramos lo que te gusta", es su promesa. Sin embargo, detrás de esta aparente amabilidad hay un modelo de negocio basado en mantenernos el mayor tiempo posible consumiendo contenidos, lo que traduce directamente en más ingresos publicitarios.

La publicidad se ha transformado radicalmente con estos mecanismos de personalización. Ya no se trata de mensajes masivos, sino de anuncios hipersegmentados que parecen surgir mágicamente de nuestros pensamientos más íntimos. Un comentario sobre unas vacaciones, una búsqueda casual sobre un producto, inmediatamente se convierten en una cascada de anuncios personalizados que nos siguen incluso entre diferentes plataformas.

Los datos personales se han convertido en la nueva moneda de cambio de la economía digital. Nuestra información personal, nuestros comportamientos, nuestras preferencias, todo se cuantifica y se vende al mejor postor. La personalización algorítmica no es solo una herramienta tecnológica, es un complejo ecosistema económico donde nosotros somos tanto el producto como los consumidores.

La pregunta fundamental que surge es: ¿hasta qué punto esta personalización nos libera o nos limita? ¿Somos realmente más libres cuando recibimos contenidos pensados específicamente para nosotros, o estamos siendo conducidos sutilmente por caminos predeterminados? La respuesta no es simple, pero comprender los mecanismos detrás de esta personalización es el primer paso para recuperar nuestra verdadera autonomía digital.

Capítulo 2 - La Personalización de la Información

En la actualidad digital, la personalización se ha convertido en el motor invisible que impulsa nuestra experiencia en línea. Plataformas como Facebook, Instagram, Google y YouTube han perfeccionado sofisticados algoritmos que transforman cada pantalla en un espejo único, reflejando exclusivamente lo que el sistema considera más relevante para nosotros.

Tomemos como primer ejemplo las redes sociales. Facebook, con más de 2.800 millones de usuarios activos, utiliza un complejo algoritmo denominado EdgeRank que analiza meticulosamente cada interacción: los "me gusta", comentarios, compartidos, tiempo de visualización de contenido, e incluso el tipo de publicaciones con las que más interactuamos. Este sistema no solo decide qué contenido aparecerá en nuestro feed, sino que lo hace con una precisión milimétrica, priorizando aquello que estadísticamente tendrá mayor probabilidad de capturar nuestra atención.

En el caso de Instagram, propiedad de Meta, el algoritmo va más allá. No solo evalúa la relevancia del contenido, sino que también considera factores como la relación con el creador, la actualidad de la publicación y nuestra tendencia histórica de interacción. Un usuario que constantemente visualiza contenido de deportes verá progresivamente más publicaciones relacionadas con ese tema, creando una especie de embudo de información cada vez más especializado.

Los motores de búsqueda, particularmente Google, representan otro escenario fascinante de personalización algorítmica. Cuando realizamos una búsqueda, el algoritmo no solo procesa palabras clave, sino que integra un conjunto de variables personales: nuestra ubicación geográfica, historial de búsquedas previas, dispositivo utilizado, perfil demográfico e incluso preferencias previamente manifestadas.

Un ejemplo concreto: si dos personas buscan "restaurantes cerca", cada una obtendrá resultados completamente diferentes. Para alguien con historial de búsquedas vegetarianas, aparecerán opciones de comida plant-based, mientras que para un usuario con preferencias carnívoras, los resultados mostrarán restaurantes de carnes.

YouTube lleva la personalización a otro nivel. Su algoritmo no solo recomienda videos basándose en nuestro historial de visualización, sino que analiza comportamientos sutiles como el tiempo de reproducción, los videos que dejamos a medio ver, e incluso los contenidos sobre los que hacemos clic después. Un usuario que comienza viendo un tutorial de cocina podría terminar sumergido en una secuencia de videos cada vez más especializados sobre técnicas culinarias internacionales.

El motor de recomendación de Netflix es igualmente sofisticado. No solo clasifica películas y series según géneros, sino que crea perfiles de consumo extremadamente detallados. Si visualizamos una película de ciencia ficción con elementos de drama, el algoritmo no solo nos recomendará contenido similar, sino que ajustará su catálogo para ofrecernos opciones cada vez más afinadas con nuestros gustos específicos.

Twitter, por su parte, personaliza el "Timeline" considerando a quién seguimos, con quién interactuamos más frecuentemente, y el tipo de contenido que consumimos. Sus algoritmos priorizan tweets de cuentas con las que tenemos mayor afinidad, creando una experiencia informativa completamente individualizada.

Esta personalización ubica al usuario en una especie de "mundo a la medida", donde cada pantalla se convierte en un reflejo casi perfecto de sus intereses, preferencias y comportamientos digitales. Sin embargo, esta precisión algorítmica plantea preguntas fundamentales sobre diversidad informativa y exposición a perspectivas diferentes.

La personalización algorítmica no es un proceso neutral: es una construcción tecnológica que moldea nuestra percepción del mundo digital, presentándonos una realidad filtrada y selectiva que responde más a nuestros gustos previos que a la diversidad de información disponible.

Las redes sociales se han convertido en verdaderos laboratorios de amplificación algorítmica, donde cada clic, cada interacción y cada segundo de atención se transforma en combustible para máquinas invisibles que orquestan nuestra experiencia digital. Los algoritmos, cual directores de orquesta silenciosos, modulan y potencian el contenido con una precisión milimétrica, generando fenómenos de propagación viral que desafían nuestra comprensión tradicional de la comunicación.

Tomemos como ejemplo paradigmático el caso de un video aparentemente banal que, en cuestión de horas, puede traspasar fronteras y conquistar millones de reproducciones. No es casualidad, sino el resultado de complejos sistemas de recomendación que identifican patrones, predicen intereses y generan cascadas de interacción. Plataformas como TikTok, Instagram y

YouTube han perfeccionado estos mecanismos hasta convertirlos en auténticas máquinas de amplificación viral.

El núcleo de esta dinámica reside en la capacidad de estos algoritmos para segmentar audiencias con una precisión casi quirúrgica. Analizan no solo lo que un usuario ve, sino cómo lo ve, cuánto tiempo se detiene, qué le genera una reacción emocional. Cada microsegundo de interacción es un dato, cada dato es una señal que retroalimenta el sistema, creando un ciclo de personalización cada vez más sofisticado.

Un caso emblemático lo constituyen los "challenges" en redes sociales. Estos desafíos, que pueden ir desde bailes coreográficos hasta retos de habilidad o solidaridad, ilustran perfectamente cómo un algoritmo puede convertir un contenido local en un fenómeno global en cuestión de horas. El algoritmo no solo distribuye, sino que predice y estimula la réplica, generando un efecto dominó digital.

Sin embargo, esta amplificación no es neutral. Los algoritmos tienen sesgos inherentes que reproducen y potencian dinámicas sociales preexistentes. Tienden a privilegiar contenidos que generan mayor engagement, lo cual no necesariamente significa contenidos más informativos o constructivos. La provocación, el morbo y la controversia suelen ser más efectivos para mantener la atención que el análisis profundo o la reflexión crítica.

La mecánica es fascinante: un contenido genera una primera ola de interacciones, el algoritmo detecta el potencial viral, lo comienza a mostrar a más usuarios, estos interactúan, generando una segunda ola aún más amplia. Es un proceso exponencial donde la visibilidad se autoconstruye, y la relevancia ya no depende únicamente de la calidad intrínseca del contenido, sino de su capacidad de generar reacciones inmediatas.

Las consecuencias van más allá del entretenimiento. En contextos políticos y sociales, estos mecanismos de amplificación pueden modificar narrativas, polarizar debates y generar fenómenos de desinformación masiva. Un rumor, una fake news, pueden propagarse con una velocidad y alcance impensables hace apenas una década, todo orquestado por algoritmos que priorizan la interacción por sobre la veracidad.

La transparencia se vuelve entonces crucial. ¿Cómo funcionan exactamente estos sistemas? ¿Quién y cómo se diseñan los criterios de amplificación? Las grandes plataformas tecnológicas mantienen estos procesos como verdaderas cajas negras, generando una opacidad que dificulta la comprensión de los mecanismos que median nuestra experiencia digital.

Los algoritmos de las redes sociales no son simples herramientas de distribución, son arquitectos silenciosos de nuestra percepción colectiva, capaces de magnificar voces, invisibilizar otras, y generar dinámicas de interacción que transforman profundamente nuestra forma de comunicarnos y entender el mundo.

Capítulo 3 - Redes Sociales: Amplificadores de Algoritmos

En la era digital, las redes sociales se han convertido en verdaderos laboratorios de propagación viral, donde los algoritmos actúan como catalizadores silenciosos de la atención masiva. Un ejemplo paradigmático de este fenómeno es el viral de "El Baile del Caballo" o "Gangnam Style" de Psy, que revolucionó la comprensión de cómo el contenido puede trascender fronteras geográficas y culturales gracias a la distribución algorítmica.

En 2012, cuando el videoclip se publicó en YouTube, ningún algoritmo predeterminado podía anticipar el fenómeno global que estaba por desatarse. Sin embargo, los sistemas de recomendación de la plataforma comenzaron a detectar patrones de interacción inusuales. Cada like, compartido y comentario activaba mecanismos de amplificación que multiplicaban exponencialmente la visibilidad del video.

Los algoritmos de YouTube identificaron inicialmente la alta tasa de engagement del contenido. La velocidad de reproducción, los comentarios y las interacciones instantáneas permitieron que el sistema comenzara a recomendar el video en secciones cada vez más diversas. No era solo música k-pop, sino un contenido que trascendía categorías tradicionales.

Lo fascinante fue cómo el algoritmo transformó un video musical en un acontecimiento cultural global. No fueron decisiones humanas directas, sino sistemas complejos de machine learning que detectaron el potencial de viralización. Cada nueva reproducción internacional realimentaba el sistema, generando un efecto dominó digital donde la popularidad se autoconstruía.

Un análisis más profundo revela estrategias algorítmicas sutiles. Las plataformas no solo detectan la popularidad, sino que la anticipan y la potencian. En el caso de "Gangnam Style", los algoritmos identificaron características únicas: un ritmo pegajoso, una coreografía memorable y un humor universal que trascendía barreras lingüísticas.

La propagación viral no fue casual, sino el resultado de complejos sistemas de recomendación que evalúan múltiples variables simultáneamente. Velocidad de compartición, tiempo de visualización, origen geográfico de las interacciones, perfiles de usuarios que lo reproducen: todo se procesa en milésimas de segundo para determinar la potencialidad de viralización.

Otro caso revelador es el del desafío del "Ice Bucket Challenge", campaña que recaudó millones para investigar la esclerosis lateral amiotrófica (ELA). Los algoritmos de redes sociales fueron fundamentales para su propagación global. No solo amplificaron el contenido, sino que crearon un ecosistema de participación donde cada nuevo video generaba más visibilidad para la causa.

Las redes sociales se transformaron así en verdaderas máquinas de distribución algorítmica, donde la viralización no depende únicamente de la calidad intrínseca del contenido, sino de complejos sistemas que predicen, potencian y distribuyen información. Los algoritmos actúan como curadores invisibles, decidiendo silenciosamente qué contenidos merecen atención masiva.

Estos ejemplos demuestran que la viralización moderna es un fenómeno tecnológico tanto como cultural. Los algoritmos no solo distribuyen contenido, sino que participan activamente en su construcción y significado, generando narrativas globales en tiempo real y reconfigurando permanentemente nuestra comprensión de la comunicación digital.

La distribución algorítmica representa más que una herramienta técnica: es un nuevo ecosistema comunicacional donde la interacción humana y la inteligencia artificial se entrelazan de maneras cada vez más complejas e imperceptibles.

El debate sobre los desafíos éticos de la algoritmización se ha convertido en un tema central para comprender las profundas transformaciones que experimentamos en la era digital. La toma de decisiones algorítmica no es un proceso neutral, sino un mecanismo complejo que reproduce y potencialmente amplifica sesgos sociales existentes, generando consecuencias significativas en múltiples dimensiones de nuestra vida.

La responsabilidad de las plataformas tecnológicas se encuentra en una zona gris where los algoritmos actúan como verdaderos "jueces invisibles" que determinan qué información recibimos, qué oportunidades se nos presentan y cómo interactuamos con el mundo. Esta "justicia algorítmica" opera sin transparencia, generando un ecosistema digital donde decisiones cruciales pueden estar mediadas por sistemas que carecen de una evaluación ética rigurosa.

Un ejemplo paradigmático lo constituyen los sistemas de evaluación crediticia o de riesgo laboral. Los algoritmos procesan enormes cantidades de datos personales para predecir comportamientos futuros, pero frecuentemente reproducen discriminaciones históricas. Un algoritmo que analiza datos laborales puede perpetuar prejuicios de género o raza, negando sistemáticamente oportunidades a ciertos grupos sociales sin que exista una intervención humana crítica.

La opacidad algorítmica representa uno de los mayores desafíos contemporáneos. Las corporaciones tecnológicas protegen sus algoritmos como "secretos industriales", impidiendo un escrutinio público y académico necesario. Esta falta de transparencia genera un escenario donde las decisiones algorítmicas se presentan como neutrales e incuestionables, cuando en realidad están profundamente atravesadas por valores corporativos e ideológicos específicos.

Las comunidades académicas y de derechos digitales han comenzado a exigir marcos regulatorios más estrictos que garanticen la responsabilidad algorítmica. El concepto de "algoritmos explicables" emerge como una propuesta fundamental: los sistemas que toman decisiones que impactan directamente en las personas deben poder ser comprendidos, auditados y potencialmente cuestionados.

La dimensión ética de los algoritmos trasciende lo tecnológico para convertirse en una discusión profundamente política. ¿Quién decide los criterios que un algoritmo debe seguir? ¿Cómo garantizamos que estos sistemas no reproduzcan dinámicas de poder existentes? Estas preguntas son centrales para construir una ciudadanía digital consciente y crítica.

Los sesgos algorítmicos no son solamente un problema técnico, sino un reflejo de las estructuras sociales que los producen. Un algoritmo de contratación que privilegie perfiles de universidades de élite, un sistema de reconocimiento facial que funcione deficientemente con personas no blancas, o una plataforma de recomendación que amplifique contenidos polarizantes, son ejemplos de cómo la tecnología puede profundizar desigualdades existentes.

La educación digital se vuelve entonces una herramienta estratégica para formar ciudadanos capaces de comprender estos mecanismos. No se trata de desarrollar un tecnofobia paralizante, sino de construir una mirada crítica que reconozca el potencial y los límites de estos sistemas.

La ética algorítmica demanda un enfoque multidisciplinario que integre perspectivas tecnológicas, sociológicas, filosóficas y de derechos humanos. Solo mediante un diálogo abierto y una evaluación constante podremos desarrollar algoritmos que verdaderamente sirvan al bienestar colectivo, en lugar de perpetuar estructuras de dominación digital.

Capítulo 4 - Desafíos Éticos de la Algoritmización

En la era digital contemporánea, la responsabilidad de las plataformas tecnológicas se ha convertido en un tema de debate crucial que trasciende los límites de la innovación tecnológica para adentrarse en el terreno de la ética y la transparencia social. Los algoritmos, que inicialmente fueron concebidos como herramientas neutrales de procesamiento de información, se han transformado en verdaderos arquitectos de nuestra experiencia digital, con un poder de influencia que apenas comenzamos a comprender.

Las grandes corporaciones tecnológicas han desarrollado sistemas algorítmicos cada vez más sofisticados, capaces de predecir comportamientos, personalizar contenidos y gestionar flujos de información con una precisión hasta hace poco impensable. Sin embargo, esta capacidad tecnológica viene acompañada de una profunda opacidad que genera múltiples cuestionamientos sobre su funcionamiento real y sus implicaciones éticas.

La transparencia algorítmica se presenta como un desafío fundamental en el cual las plataformas deben rendir cuentas sobre los mecanismos que utilizan para filtrar, recomendar y priorizar contenidos. El principio de transparencia no solo implica revelar los códigos subyacentes, sino también explicar cómo estos sistemas toman decisiones que impactan directamente en la percepción y las elecciones de millones de usuarios.

Un elemento central del debate actual es la responsabilidad moral de las empresas tecnológicas. ¿Hasta qué punto pueden considerarse neutrales cuando sus algoritmos generan efectos significativos en la configuración de la opinión pública, la propagación de información y la formación de percepciones sociales? La neutralidad tecnológica se ha convertido en un mito, dado que cada decisión algorítmica representa una elección con consecuencias éticas profundas.

Los estudios más recientes revelan cómo los algoritmos pueden amplificar sesgos existentes, reproducir estereotipos y generar dinámicas de polarización social. La recomendación personalizada, presentada inicialmente como un servicio que mejora la experiencia del usuario, se ha transformado en un mecanismo que fragmenta el espacio público y limita la exposición a perspectivas diversas.

Las principales plataformas tecnológicas están siendo presionadas para implementar mecanismos de auditoría ética que permitan comprender los principios que guían sus sistemas de recomendación. La transparencia algorítmica no puede reducirse a una declaración superficial, sino que requiere un compromiso real de explicabilidad, donde los usuarios puedan comprender los criterios básicos que determinan qué contenidos ven y por qué.

La regulación gubernamental emerge como otra dimensión fundamental en este debate. Diferentes países están desarrollando marcos legales que obliguen a las plataformas a revelar información sobre sus algoritmos, establecer límites éticos y proteger los derechos digitales de los ciudadanos. Esta tendencia refleja el reconocimiento de que los algoritmos ya no pueden ser considerados simples herramientas técnicas, sino verdaderos mediadores sociales con un impacto significativo.

La responsabilidad algorítmica también implica desarrollar mecanismos de corrección que permitan identificar y mitigar posibles efectos negativos. Algunas plataformas están implementando sistemas de revisión ética, equipos multidisciplinarios que evalúan el potencial impacto de sus algoritmos desde perspectivas que van más allá de lo puramente técnico.

El desafío actual no consiste en demonizar la tecnología, sino en desarrollar un enfoque crítico y constructivo que reconozca su potencial mientras establece límites éticos claros. La transparencia algorítmica debe convertirse en un principio fundamental que garantice el respeto a la autonomía individual y la diversidad social.

En un mundo digital cada vez más personalizado, la "burbuja de filtros" se ha convertido en un fenómeno silencioso pero profundamente transformador de nuestra percepción de la realidad. Este concepto, acuñado originalmente por Eli Pariser, describe un mecanismo algorítmico que moldea sutilmente nuestra experiencia informativa, creando un ecosistema de contenidos que refuerza constantemente nuestras creencias preexistentes.

Las plataformas digitales, desde redes sociales hasta motores de búsqueda, utilizan algoritmos complejos que seleccionan meticulosamente la información que nos presentan. Cada clic, cada like, cada segundo de visualización se convierte en un dato que alimenta estos sofisticados sistemas de recomendación. El resultado es una realidad virtual a medida, diseñada para capturar completamente nuestra atención y mantener nuestro compromiso digital.

Esta personalización extrema genera consecuencias profundas en nuestra comprensión del mundo. Gradualmente, nos vamos alejando de la exposición a perspectivas diversas, quedando atrapados en un bucle de confirmación que reduce sistemáticamente nuestra capacidad de pensamiento crítico. Los algoritmos, lejos de ser herramientas neutrales, se transforman en arquitectos invisibles de nuestra percepción.

La polarización social emerge como una consecuencia directa de estos mecanismos. Cada usuario termina inmerso en un ecosistema informativo que refuerza sus ideas originales, sin confrontación real con argumentos diferentes. Las redes sociales se convierten así en cámaras de eco donde la diversidad de pensamiento se erosiona progresivamente.

Los ejemplos abundan y revelan la complejidad del fenómeno. Una persona con ideas políticas conservadoras verá predominantemente contenidos que ratifican su visión del mundo, mientras que alguien con perspectivas progresistas experimentará un flujo informativo completamente diferente. Los algoritmos no solo presentan información, sino que construyen narrativas personalizadas que consolidan visiones parciales de la realidad.

Las consecuencias de esta fragmentación son múltiples. La empatía se debilita cuando perdemos la capacidad de comprender perspectivas diferentes. La democracia se resiente cuando los ciudadanos habitan realidades informativas completamente divergentes. La comunicación social se fractura, generando trincheras ideológicas cada vez más profundas.

Sin embargo, la burbuja de filtros no es un destino inevitable. Existen estrategias para desafiar estos mecanismos algorítmicos y recuperar la diversidad informativa. La primera herramienta es la conciencia crítica: comprender que lo que vemos no representa la totalidad de la realidad, sino una versión altamente personalizada.

Algunas tácticas prácticas incluyen diversificar voluntariamente las fuentes de información, desactivar recomendaciones personalizadas, seguir perfiles con perspectivas diferentes y mantener una actitud deliberadamente curiosa. La tecnología que nos segmenta puede también ser utilizada como herramienta de expansión si la abordamos con intencionalidad.

Las plataformas tecnológicas comienzan a reconocer esta problemática. Algunas ya implementan mecanismos para mostrar contenidos que desafían las percepciones del usuario, introduciendo elementos de sorpresa y diversidad en los flujos informativos. La transparencia algorítmica se está convirtiendo en una demanda creciente de usuarios cada vez más conscientes.

La burbuja de filtros representa más que un fenómeno tecnológico: es un síntoma de nuestra relación contemporánea con la información. Refleja nuestra tendencia a buscar comodidad cognitiva, a evitar la confrontación con ideas diferentes y a construir identidades digitales fragmentadas.

Romper estas burbujas requiere un compromiso personal y colectivo. Necesitamos ciudadanos digitales activos, capaces de cuestionar constantemente sus propias percepciones, de buscar activamente perspectivas diferentes y de mantener una postura de apertura intelectual.

Capítulo 5 - La Burbuja de Filtros

En la era digital actual, estamos inmersos en un ecosistema de información que se parece más a una cámara de eco que a un verdadero espacio de diversidad y conocimiento. Las burbujas de filtros se han convertido en barreras invisibles que limitan nuestra comprensión del mundo, restringiendo sistemáticamente nuestra exposición a perspectivas diferentes y cercenando la pluralidad de ideas.

La mecánica de estas burbujas algorítmicas es sutilmente perversa. Cada clic, cada like, cada segundo de visualización se traduce en datos que refinan con precisión milimétrica nuestro perfil digital. Los algoritmos, actuando como arquitectos silenciosos de nuestra realidad informativa, construyen muros cada vez más altos alrededor de nuestras zonas de confort cognitivo.

Para romper estos muros, se requiere un enfoque multidimensional y consciente. La primera estrategia fundamental es desarrollar una consciencia crítica sobre nuestros propios hábitos de consumo informativo. Debemos convertirnos en exploradores activos del conocimiento, desafiando constantemente los límites que nos imponen las plataformas digitales.

Una técnica concreta es implementar la "diversificación intencional". Esto implica deliberadamente buscar y seguir fuentes de información que desafíen nuestras percepciones actuales. No se trata solo de consumir información contraria, sino de exponernos a perspectivas genuinamente diferentes, que amplíen nuestra comprensión del mundo.

Las herramientas tecnológicas pueden ser aliadas en este proceso de deconstrucción de burbujas. Existen extensiones de navegador y aplicaciones diseñadas específicamente para romper los algoritmos de recomendación. Estas herramientas pueden:

1. Aleatorizar las recomendaciones de contenido

2. Mostrar deliberadamente perspectivas contrastantes

3. Bloquear perfiles y contenidos demasiado similares entre sí

4. Generar alertas cuando detectan un patrón de consumo muy homogéneo

La educación mediática juega un rol crucial. Formar individuos capaces de identificar sesgos, contrastar fuentes y mantener una postura crítica frente a la información es fundamental. Las instituciones educativas deben incorporar módulos que desarrollen estas habilidades desde edades tempranas.

Las redes sociales requieren una intervención consciente. Es necesario:

- Desactivar recomendaciones personalizadas

- Seguir perfiles con perspectivas diversas

- Participar en comunidades que valoren el debate constructivo

- Usar modos de navegación que limiten el perfil de recomendación

La responsabilidad individual es determinante, pero también lo es la presión social y regulatoria sobre las grandes tecnológicas. Necesitamos marcos legales que garanticen transparencia algorítmica y promuevan la diversidad informativa.

La libertad cognitiva del siglo XXI dependerá de nuestra capacidad de resistir la comodidad de la confirmación permanente y atrevernos a explorar lo desconocido. Romper burbujas no es solo un acto tecnológico, sino profundamente ético y político.

Cada decisión consciente de ampliar nuestro horizonte informativo es un acto de resistencia contra la homogeneización digital. Somos nosotros quienes decidimos si permitimos que los algoritmos dibujen los límites de nuestra realidad o si, por el contrario, nos convertimos en cartógrafos de nuevos territorios del conocimiento.

En la era digital, los algoritmos se han convertido en poderosos arquitectos de la opinión pública, tejiendo una compleja red de influencia que moldea percepciones, narrativas y movimientos sociales de maneras sutiles pero profundamente significativas. La transformación de los espacios públicos tradicionales hacia plataformas digitales ha creado un ecosistema donde los algoritmos actúan como intermediarios invisibles entre la información y la ciudadanía.

Las redes sociales y las plataformas de comunicación digital se han transformado en campos de batalla donde los algoritmos despliegan estrategias sofisticadas para capturar la atención, generar engagement y direccionar flujos de información. Cada clic, cada interacción, cada fragmento de contenido compartido es procesado por sistemas que interpretan y predicen comportamientos colectivos.

Un ejemplo paradigmático de esta dinámica se observa en los procesos electorales contemporáneos. Las campañas políticas han migrado de los medios tradicionales a ecosistemas digitales donde los algoritmos pueden segmentar audiencias con precisión milimétrica. Investigaciones recientes revelan cómo plataformas como Facebook permitieron micro-targeting de mensajes políticos, seleccionando audiencias específicas según perfiles psicográficos, ideología, consumo cultural y comportamiento digital.

El caso de Cambridge Analytica ilustra dramáticamente este fenómeno. La firma utilizó datos personales de millones de usuarios para construir perfiles psicológicos detallados, permitiendo la creación de contenidos políticos hiperersonalizados. Durante las elecciones estadounidenses de 2016 y el referéndum del Brexit en Reino Unido, estos algoritmos demostraron una capacidad inquietante para influir en preferencias electorales mediante narrativas específicamente diseñadas para resonar con segmentos poblacionales precisos.

Sin embargo, la influencia algorítmica en la opinión pública trasciende los procesos electorales. Los movimientos sociales contemporáneos están siendo profundamente transformados por estas tecnologías. Protestas como el movimiento Black Lives Matter o las movilizaciones por el cambio climático han encontrado en las redes sociales espacios de organización y difusión donde los algoritmos amplifican mensajes, conectan comunidades y generan momentum.

La propagación viral de contenidos no es accidental, sino result de complejos sistemas que priorizan información con alta capacidad de generar reacciones emocionales. Los algoritmos identifican patrones de engagement, favoreciendo contenidos que provocan indignación, sorpresa o confirmación de sesgos preexistentes. Esta mecánica genera "cámaras de eco" donde grupos homogéneos refuerzan sus narrativas, reduciendo la exposición a perspectivas divergentes.

La polarización política emerges como una consecuencia directa de estas dinámicas algorítmicas. Al recomendar contenidos que confirman las preferencias previas de los usuarios, los sistemas reducen la probabilidad de encuentros con información contradictoria, profundizando divisiones sociales y erosionando espacios de diálogo plural.

Las plataformas de desinformación aprovechan estas vulnerabilidades algorítmicas. Mediante la creación de contenidos deliberadamente provocadores, grupos con agendas específicas pueden manipular la percepción pública, generando narrativas fabricadas que se propagan exponencialmente gracias a la lógica de recomendación de los algoritmos.

Ante este escenario, surge la necesidad de desarrollar alfabetización digital crítica. Los ciudadanos deben comprender los mecanismos algorítmicos, identificar sesgos y desarrollar herramientas para navegar conscientemente los espacios digitales. La educación mediática se convierte en un elemento fundamental para preservar la calidad democrática en sociedades cada vez más mediadas tecnológicamente.

Las investigaciones académicas y los informes de organizaciones especializadas coinciden: los algoritmos no son instrumentos neutrales, sino dispositivos que condensan valores, intencionalidades y estructuras de poder. Su capacidad para modelar percepciones colectivas los convierte en actores políticos centrales en el siglo XXI.

Capítulo 6 - Algoritmos y Opinión Pública

Las investigaciones recientes han revelado un panorama fascinante y complejo sobre cómo los algoritmos pueden transformar dramáticamente el ecosistema político y electoral contemporáneo. Un estudio emblemático realizado por investigadores de la Universidad de Cambridge demostró que las plataformas de redes sociales pueden modificar significativamente los patrones de participación y decisión ciudadana mediante técnicas de micro-segmentación y targeting personalizado.

En las elecciones presidenciales de Estados Unidos en 2016, el caso de Cambridge Analytica marcó un punto de inflexión en la comprensión del poder de los algoritmos para influir en la opinión pública. La firma utilizó datos masivos de perfiles de Facebook para crear perfiles psicográficos de millones de votantes, permitiendo una estrategia de comunicación política sumamente precisa y manipuladora.

Las investigaciones de Ulloa y Hernández (2019) en América Latina revelaron patrones similares. En países como Brasil y México, los algoritmos de plataformas como WhatsApp y Facebook se convirtieron en herramientas fundamentales para la propagación de desinformación política y la construcción de narrativas polarizantes. Mediante análisis de big data, estos sistemas pueden identificar grupos vulnerables y bombardearlos con contenidos específicamente diseñados para modificar su percepción política.

Un estudio longitudinal realizado en Colombia demostró que los algoritmos de recomendación pueden crear "cámaras de eco" políticas, donde los ciudadanos quedan expuestos únicamente a información que confirma sus predisposiciones ideológicas previas. Este fenómeno genera una fragmentación del espacio público digital, reduciendo la posibilidad de diálogo y construcción de consensos.

Las campañas electorales modernas dependen cada vez más de estrategias algorítmicas para segmentar votantes. Mediante inteligencia artificial, los equipos políticos pueden:

1. Identificar microgrupos con necesidades específicas

2. Diseñar mensajes personalizados

3. Predecir comportamientos electorales

4. Optimizar la distribución de propaganda

La investigadora argentina María Fernanda Rodríguez señala que estos mecanismos representan una nueva forma de "ingeniería electoral" donde la tecnología supera la tradicional propaganda política. Los algoritmos no solo distribuyen información, sino que la construyen estratégicamente para generar determinadas reacciones emocionales.

Un caso paradigmático ocurrió durante las elecciones brasileñas de 2018, donde masivas campañas de desinformación mediante WhatsApp lograron modificar percepciones y preferencias electorales. Los algoritmos permitieron una difusión viral de contenidos falsos o manipulados, aprovechando las dinámicas de compartición entre grupos cerrados.

Las implicaciones éticas de estas prácticas son profundas. La manipulación algorítmica cuestiona principios fundamentales de la democracia como la libertad de elección informada. Los votantes se convierten en objetos de experimentación permanente, donde sus datos personales son utilizados para moldear su percepción política sin su consentimiento explícito.

Las investigaciones también revelan una brecha generacional significativa. Los algoritmos resultan más efectivos entre poblaciones jóvenes, nativos digitales con menor capacidad crítica frente a los mecanismos de influencia tecnológica. Esta vulnerabilidad representa un riesgo creciente para la formación de ciudadanía democrática.

La regulación de estos mecanismos se ha convertido en un desafío global. Diversos países han comenzado a desarrollar marcos legales para limitar la capacidad de las plataformas tecnológicas de intervenir en procesos electorales, aunque la velocidad de transformación tecnológica supera constantemente cualquier marco normativo.

Las proyecciones sobre el futuro de los algoritmos revelan un panorama fascinante y complejo que promete transformar radicalmente nuestra interacción con la tecnología y la sociedad. La evolución de estos sistemas inteligentes nos conduce hacia un horizonte donde la línea entre lo humano y lo artificial se vuelve cada vez más difusa.

Los expertos anticipan que la próxima generación de algoritmos será exponencialmente más sofisticada, con capacidades de aprendizaje y adaptación que superarán ampliamente los modelos actuales. La inteligencia artificial no solo procesará datos, sino que desarrollará una

comprensión contextual más profunda, permitiendo
decisiones más complejas y matizadas.

Un aspecto fundamental será la integración de algoritmos
en áreas tradicionalmente reservadas para la intuición
humana. La medicina, por ejemplo, experimentará una
revolución donde los sistemas algorítmicos podrán
diagnosticar enfermedades con una precisión nunca
antes vista, analizando millones de registros médicos
simultáneamente y detectando patrones imperceptibles
para los profesionales.

En el ámbito social y político, los algoritmos evolucionarán
hacia modelos más transparentes y éticamente
diseñados. Las demandas crecientes por responsabilidad
algorítmica impulsarán el desarrollo de sistemas con
mecanismos de auditoría incorporados, capaces de

explicar sus procesos de decisión y minimizar sesgos discriminatorios.

La regulación será un componente crítico en esta transformación. Los gobiernos y organizaciones internacionales desarrollarán marcos normativos más robustos que establezcan límites claros para el diseño y despliegue de sistemas algorítmicos. Se implementarán certificaciones que garanticen principios de equidad, privacidad y no manipulación.

La democratización tecnológica permitirá que comunidades más diversas participen en el diseño de algoritmos. Ya no serán exclusivamente desarrollados por élites tecnológicas, sino que incorporarán perspectivas multiculturales y experiencias globales. Esta diversificación promete algoritmos más inclusivos y representativos.

La computación cuántica jugará un papel revolucionario, permitiendo algoritmos capaces de procesar información a velocidades y complejidades inimaginables. Problemas que hoy requieren años de procesamiento podrán resolverse en segundos, abriendo posibilidades inexploradas en campos como la investigación científica, la simulación climática y la optimización de recursos.

Sin embargo, este futuro algorítmico no está exento de desafíos. La amenaza de la concentración del poder tecnológico en pocas corporaciones globales representa un riesgo significativo. La capacidad de estos sistemas para influir en comportamientos masivos requiere una vigilancia ética permanente.

La educación será fundamental para preparar a las nuevas generaciones. No solo se enseñará a utilizar tecnologías algorítmicas, sino a comprenderlas críticamente, desarrollando una alfabetización digital que permita a los ciudadanos ser agentes activos y no meros consumidores pasivos.

Los algoritmos del futuro serán más que herramientas: serán compañeros cognitivos que nos ayudarán a comprender la complejidad del mundo. Su potencial para resolver problemas globales como el cambio climático, la desigualdad económica y las crisis sanitarias es inmenso.

La humanidad se encuentra en un punto de inflexión donde nuestra relación con la tecnología algorítmica definirá el curso de nuestra evolución colectiva. No se trata solo de adaptarnos, sino de co-crear un futuro donde la inteligencia artificial y la inteligencia humana se complementen armónicamente.

Capítulo 7 - El Futuro de los Algoritmos

El futuro de los algoritmos no es un escenario predeterminado, sino un territorio complejo que se construye en la intersección entre el desarrollo tecnológico, la regulación ética y la voluntad social. La potencial regulación algorítmica se presenta como un desafío multidimensional que requiere un enfoque integral y colaborativo.

La primera dimensión fundamental para comprender la regulación algorítmica es reconocer su naturaleza dinámica. Los algoritmos no son entidades estáticas, sino sistemas en constante evolución que aprenden, se adaptan y modifican sus propios patrones de comportamiento. Esto implica que cualquier marco regulatorio no puede ser rígido, sino flexible y capaz de actualizarse constantemente.

Las principales propuestas de regulación algorítmica emergen desde diferentes frentes. Por un lado, las instituciones académicas y de investigación científica plantean modelos de supervisión basados en principios éticos y transparencia. Proponen la creación de observatorios independientes que evalúen periódicamente el impacto social de los algoritmos, identificando posibles sesgos, discriminaciones o efectos no deseados.

Las organizaciones internacionales, como la Unión Europea, ya han comenzado a desarrollar marcos normativos que buscan establecer límites y responsabilidades. El objetivo central es proteger los derechos fundamentales de los ciudadanos frente a sistemas automatizados que pueden generar decisiones con profundas consecuencias personales y colectivas.

Un elemento crítico en la regulación algorítmica será garantizar la transparencia. Esto significa exigir a las empresas tecnológicas mecanismos claros de explicabilidad, donde los algoritmos puedan ser auditados y comprendidos en sus procesos de toma de decisiones. No se trata solo de revelar su existencia, sino de permitir una comprensión real de su funcionamiento.

La dimensión ética será fundamental. Los algoritmos no pueden ser considerados herramientas neutrales, sino sistemas que incorporan valores, prejuicios y decisiones de sus creadores. Por ello, se requieren equipos multidisciplinarios que incluyan no solo programadores, sino también especialistas en ética, sociología, psicología y derechos humanos.

La regulación también deberá abordar el problema de la concentración del poder algorítmico. Actualmente, pocas corporaciones tecnológicas controlan algoritmos que condicionan comportamientos globales. Es necesario generar mecanismos que democraticen su diseño, implementación y supervisión.

Un aspecto fundamental será el consentimiento informado. Los usuarios deben tener derecho a conocer cómo sus datos son utilizados, qué perfiles se construyen y qué decisiones automatizadas se toman en función de su información personal. La transparencia no puede ser opcional, sino un derecho fundamental.

Las universidades y centros de investigación jugarán un rol crucial en este proceso. Serán fundamentales para desarrollar metodologías de evaluación algorítmica, crear indicadores de impacto social y formar profesionales capaces de comprender la complejidad de estos sistemas.

La educación será otra línea estratégica. Se requiere formar ciudadanos algorítmicamente alfabetizados, capaces de comprender cómo funcionan estos sistemas, sus potencialidades y limitaciones. No se trata de generar tecno-fobia, sino pensamiento crítico y una relación consciente con la tecnología.

Finalmente, la regulación algorítmica no puede ser un problema exclusivamente técnico, sino un proceso democrático donde múltiples voces y perspectivas sean escuchadas. Los algoritmos nos afectan a todos, por lo que su regulación debe ser también un ejercicio colectivo de deliberación social.

En la era digital actual, adaptarse a un mundo cada vez más algoritmizado se ha convertido en una necesidad imperante para individuos y organizaciones. La omnipresencia de los algoritmos en nuestra vida cotidiana exige desarrollar una serie de estrategias que nos permitan navegar de manera inteligente y consciente en este nuevo panorama tecnológico.

La primera recomendación fundamental es cultivar una mentalidad crítica y analítica frente a la información que consumimos. Ya no podemos simplemente aceptar pasivamente los contenidos que nos presentan las plataformas digitales, sino que debemos cuestionar constantemente su origen, intencionalidad y posibles sesgos. Esto implica verificar las fuentes, contrastar información de diferentes medios y desarrollar un pensamiento independiente que no se limite a lo que los algoritmos consideran relevante para nosotros.

Las organizaciones, por su parte, tienen el desafío de implementar estrategias de alfabetización digital que permitan a sus equipos comprender el funcionamiento de los algoritmos. No se trata solo de conocer la tecnología, sino de desarrollar una comprensión profunda de cómo estos sistemas pueden influir en la toma de decisiones, la percepción de la realidad y los procesos creativos.

Un aspecto crucial es la diversificación deliberada de las fuentes de información. Los algoritmos tienden a crear "burbujas de filtro" que nos presentan únicamente contenidos afines a nuestros intereses previos, limitando nuestra exposición a perspectivas diferentes. Para contrarrestar este efecto, es fundamental:

1. Utilizar diferentes plataformas de búsqueda y redes sociales

2. Seguir perfiles y fuentes con perspectivas diversas

3. Desactivar periódicamente las recomendaciones personalizadas

4. Explorar contenidos fuera de nuestras zonas de confort habituales

La privacidad digital se convierte en otro elemento estratégico. Comprender y gestionar activamente nuestra huella digital permite tener mayor control sobre la información que compartimos y recibimos. Esto incluye configurar adecuadamente la privacidad en redes sociales, usar herramientas de navegación que protejan nuestra identidad y ser conscientes de los permisos que otorgamos a las aplicaciones.

Las habilidades tecnológicas se transforman en un recurso fundamental. No se trata de convertirse en un experto en programación, sino de desarrollar una comprensión básica que nos permita entender cómo funcionan los sistemas algorítmicos. Cursos en línea, webinars y recursos educativos pueden ayudar a desarrollar esta alfabetización tecnológica.

Para los profesionales, adaptarse significa integrar el pensamiento algorítmico en su metodología de trabajo. Comprender cómo los algoritmos pueden optimizar procesos, tomar decisiones objetivas y generar insights se convierte en una ventaja competitiva. Sin embargo, también implica mantener un balance crítico que evite la dependencia excesiva de estos sistemas.

La educación juega un rol fundamental en esta adaptación. Las instituciones educativas deben actualizar sus currículos para incluir competencias digitales que preparen a las nuevas generaciones para interactuar de manera inteligente con tecnologías algorítmicas. Esto incluye desarrollo de pensamiento crítico, ética digital y comprensión de los mecanismos tecnológicos contemporáneos.

Finalmente, es crucial mantener una postura ética y responsable. Los algoritmos son herramientas que pueden utilizarse para beneficiar o manipular, por lo que la decisión final siempre recae en los seres humanos. Desarrollar una conciencia ética que priorice el bienestar colectivo por sobre los beneficios individuales o

corporativos será determinante en nuestra relación con
estas tecnologías.

Capítulo 8 - Adaptándose a la Era Algorítmica

En la era digital actual, donde los algoritmos se han convertido en guardianes invisibles de nuestra información, convertirse en un consumidor crítico no es solo una habilidad, sino una necesidad absoluta de supervivencia intelectual y digital. La capacidad de navegar por el mar de datos sin perderse en la corriente de la manipulación algorítmica requiere un conjunto de estrategias deliberadas y conscientes.

La primera línea de defensa es desarrollar una mentalidad de cuestionamiento constante. Cada contenido que consumimos debe ser analizado no solo por su mensaje superficial, sino por sus capas más profundas de intencionalidad y construcción. Los algoritmos nos presentan información que no es neutral, sino estratégicamente seleccionada para capturar nuestra atención, moldear nuestras percepciones y, en última instancia, influir en nuestras decisiones.

Una estrategia fundamental es diversificar las fuentes de información. Los algoritmos tienden a crear burbujas de confirmación que refuerzan nuestras creencias preexistentes, limitando nuestra exposición a perspectivas diferentes. Para contrarrestar este efecto, es crucial buscar activamente fuentes que desafíen nuestros puntos de vista, que vengan de diferentes tradiciones intelectuales, contextos geográficos y orientaciones políticas.

La alfabetización digital se convierte en un arma esencial. Comprender cómo funcionan los algoritmos nos permite ser más críticos con el contenido que consumimos. Esto implica reconocer los mecanismos de recomendación, entender cómo se construyen los perfiles de usuario y ser conscientes de los sesgos inherentes en los sistemas de clasificación y sugerencia.

La verificación de información se transforma en un ritual necesario. Antes de compartir o creer en un contenido, es fundamental contrastar su origen, consultar múltiples fuentes, buscar el contexto completo y evaluar la credibilidad de los autores. Las herramientas de fact-checking y las plataformas especializadas en verificación se convierten en aliadas fundamentales en esta batalla contra la desinformación.

La gestión consciente de los datos personales adquiere una dimensión estratégica. Cada interacción digital deja una huella que los algoritmos utilizan para perfilarnos. Ser selectivo con la información que compartimos, utilizar configuraciones de privacidad, y ser consciente de los permisos que otorgamos a aplicaciones y plataformas se convierte en un acto de resistencia digital.

La educación continua es otro pilar crucial. El mundo tecnológico evoluciona constantemente, y mantenerse actualizado sobre las nuevas tendencias algorítmicas, las técnicas de manipulación de información y las herramientas de verificación es fundamental. Los cursos en línea, webinars, podcasts especializados y comunidades de aprendizaje digital se transforman en espacios de empoderamiento intelectual.

La reflexión ética debe acompañar cada interacción digital. No se trata solo de consumir información, sino de preguntarse sistemáticamente: ¿Quién se beneficia con este contenido? ¿Cuáles son las intenciones detrás de esta recomendación? ¿Qué narrativas está reforzando este algoritmo? Esta actitud crítica nos permite ser agentes activos, no meros receptores pasivos.

Finalmente, cultivar la resiliencia digital implica reconocer nuestras propias limitaciones y sesgos. Ninguno está completamente inmune a la manipulación algorítmica. La humildad intelectual, la apertura a reconsiderar nuestras posiciones y la voluntad de cuestionar constantemente nuestras certezas son las verdaderas herramientas para navegar en este ecosistema digital complejo.

En la era digital actual, adaptarse a un mundo regido por algoritmos se ha convertido en una necesidad imperante para individuos y organizaciones. La omnipresencia de estos sistemas de toma de decisiones automatizados nos exige desarrollar una serie de estrategias que nos permitan navegar de manera consciente y crítica en este nuevo panorama tecnológico.

Una de las primeras recomendaciones fundamentales es cultivar una actitud de cuestionamiento permanente. Los algoritmos no son entidades neutrales o infalibles, sino construcciones humanas con sesgos potenciales y limitaciones inherentes. Es crucial desarrollar una mentalidad que no acepte pasivamente la información o las recomendaciones generadas algorítmicamente, sino que las examine con pensamiento crítico.

Para los individuos, esto implica diversificar las fuentes de información. No conformarse con el contenido que nos presenta un solo algoritmo, sino buscar activamente perspectivas diferentes, contrastar información y salir conscientemente de las burbujas de filtro que nos encierran. Las redes sociales y las plataformas de contenido tienden a crear ecosistemas informativos cerrados que refuerzan nuestras creencias preexistentes, por lo que romper esos círculos se vuelve fundamental.

En el ámbito organizacional, las empresas deben implementar auditorías éticas de sus sistemas algorítmicos. Esto significa evaluar periódicamente los sesgos potenciales, la transparencia de los algoritmos y su impacto real en la toma de decisiones. No basta con confiar ciegamente en la tecnología; es necesario mantener un control humano crítico que garantice decisiones justas y equitativas.

La educación digital se convierte en una herramienta clave para esta adaptación. Las instituciones educativas deben incorporar en sus currículos materias que desarrollen alfabetización algorítmica: comprensión de cómo funcionan estos sistemas, sus potencialidades y limitaciones. Los ciudadanos del siglo XXI necesitan comprender que los algoritmos son herramientas, no oráculos infalibles.

La privacidad y el manejo consciente de datos personales representan otro aspecto crucial. Los individuos deben ser más selectivos sobre la información que comparten, entender los mecanismos de recopilación de datos y ejercer su derecho a la protección de su información personal. Esto implica configurar cuidadosamente la privacidad en plataformas digitales, usar herramientas de navegación que protejan la identidad y ser cautelosos con los permisos que se otorgan a aplicaciones y servicios.

Las organizaciones, por su parte, deben implementar políticas de transparencia algorítmica. Esto significa explicar claramente cómo se utilizan los algoritmos, qué datos se procesan y bajo qué criterios se toman las decisiones. La confianza se construye mediante la apertura y la claridad, no mediante sistemas opacos e incomprensibles.

La diversidad en el diseño de algoritmos es otro elemento fundamental. Equipos multidisciplinarios que incluyan perspectivas diferentes - no solo tecnológicas, sino también éticas, sociales y culturales - pueden desarrollar sistemas más equilibrados y menos sesgados. La representatividad en la creación tecnológica es clave para evitar reproducciones de discriminación estructural.

Para los consumidores, desarrollar literacidad tecnológica implica también conocer herramientas que permitan mayor autonomía digital. Usar navegadores que bloqueen rastreadores, implementar extensiones que gestionen el seguimiento de datos, utilizar redes privadas virtuales y mantener actualizados los conocimientos sobre nuevas tecnologías de protección son estrategias fundamentales.

La adaptación a la era algorítmica no significa resistencia tecnológica, sino compromiso crítico. Los algoritmos no son enemigos, son herramientas que pueden utilizarse para el beneficio social si se implementan con responsabilidad, ética y una comprensión profunda de su potencial y sus limitaciones.

En definitiva, navegar en un mundo algorítmico requiere una combinación de alfabetización digital, pensamiento crítico, gestión consciente de la privacidad y un compromiso continuo con la comprensión de estas tecnologías que transforman silenciosamente nuestra realidad cotidiana.

Conclusión

En un mundo cada vez más digitalizado, los algoritmos se han convertido en actores silenciosos pero omnipresentes que moldean nuestra realidad cotidiana de maneras profundas e imperceptibles. A lo largo de este recorrido, hemos desentrañado los hilos invisibles que conectan nuestra experiencia digital con sistemas complejos de procesamiento y toma de decisiones automatizadas.

Nuestra travesía nos ha permitido comprender que los algoritmos no son meras herramientas neutrales, sino verdaderos arquitectos de nuestra percepción y comprensión del mundo. Desde las redes sociales hasta los motores de búsqueda, estos sistemas matemáticos filtran, priorizan y personalizan cada fragmento de información que consumimos, creando una experiencia única y, paradójicamente, restrictiva.

La burbuja de filtros se ha revelado como uno de los fenómenos más críticos de nuestra era digital. Lejos de expandir nuestro conocimiento, estos algoritmos tienden a reforzar nuestras creencias preexistentes, generando ecosistemas informativos cerrados que limitan nuestra capacidad de pensamiento crítico y exposición a perspectivas diversas. La personalización, que inicialmente se presentaba como un beneficio, se ha transformado en una forma sutil de control y fragmentación social.

Las implicaciones éticas de esta algoritmización son profundas y preocupantes. Hemos sido testigos de cómo estos sistemas pueden influir en procesos democráticos, manipular la opinión pública y amplificar discursos polarizantes. La transparencia se ha convertido en un concepto cada vez más difuso, donde las grandes corporaciones tecnológicas mantienen sus algoritmos como verdaderas cajas negras, resistiéndose a revelar los mecanismos internos que determinan qué información consumimos.

Sin embargo, no todo está perdido. La conciencia creciente sobre el poder de los algoritmos abre nuevas posibilidades de resistencia y transformación. Ciudadanos, académicos y algunos reguladores comienzan a exigir mayor transparencia, responsabilidad y control sobre estos sistemas que median nuestra experiencia digital. La alfabetización algorítmica se perfila como una competencia fundamental para la ciudadanía del siglo XXI.

El futuro nos desafía a desarrollar una relación más crítica y consciente con la tecnología. No se trata de rechazar los algoritmos, sino de comprenderlos, cuestionarlos y moldearlos de manera que respondan a valores humanistas de diversidad, equidad y transparencia.

Necesitamos algoritmos que amplíen, en lugar de restringir, nuestra comprensión del mundo.

Las estrategias para navegar esta realidad algorítmica son diversas: desde cultivar la curiosidad intellectual hasta diversificar nuestras fuentes de información, desde exigir transparencia regulatoria hasta desarrollar herramientas tecnológicas más éticas. Cada individuo tiene el potencial de ser un agente de cambio en este ecosistema digital en constante transformación.

Nuestra responsabilidad colectiva es fundamental. Los algoritmos son, en última instancia, construcciones humanas que reflejan nuestros valores, sesgos y decisiones. Por lo tanto, la transformación debe comenzar con una mirada crítica y consciente, reconociendo que la tecnología no es un destino inevitable, sino un camino que podemos co-crear.

Al cerrar este recorrido, queda claro que los algoritmos representan mucho más que simples líneas de código. Son los nuevos mediadores de nuestra realidad social, económica y cultural. Su poder radica no solo en su capacidad técnica, sino en nuestra disposición a comprenderlos, cuestionarlos y orientarlos hacia el bien común.

Recursos y Referencias

A continuación, se presenta una selección de recursos y referencias fundamentales para profundizar en la comprensión de los algoritmos y su impacto social:

Libros Fundamentales:

- "Weapons of Math Destruction" de Cathy O'Neil (2016)

- "The Algorithmic Revolution" de Pedro Domingos (2015)

- "Algorithms of Oppression" de Safiya Noble (2018)

- "Thinking, Fast and Slow" de Daniel Kahneman (2011)

Publicaciones Académicas:

- Journal of Algorithmic Bias, Universidad de Stanford

- Revista Digital: Algoritmos y Sociedad, UNAM México

- Cuadernos de Investigación Tecnológica, Universidad de Buenos Aires

Documentales Relevantes:

- "The Social Dilemma" (Netflix, 2020)

- "Coded Bias" (2020)

- "Lo invisible: Algoritmos" (Producción Latinoamericana, 2019)

Recursos Digitales:

- Algorithm Watch (www.algorithmwatch.org)

- Center for Humane Technology

- Observatorio de Algoritmos de la Universidad de Chile

Investigadores Destacados en Latinoamérica:

- Dr. Rafael Pérez (Argentina) - Experto en Ética Computacional

- Dra. María Fernanda López (Colombia) - Especialista en Inteligencia Artificial

- Dr. Carlos Scolari (Brasil) - Investigador en Comunicación Digital

Informes Internacionales:

- Informe Anual de Transparencia Algorítmica (UNESCO)

- Estudio Global sobre Impacto Ético de Algoritmos (Unión Europea)

- Reporte Latinoamericano de Tecnologías Emergentes

Comunidades y Redes:

- Red Latinoamericana de Estudios Críticos de Tecnología

- Foro Iberoamericano de Innovación Digital

- Grupo de Investigación en Algoritmos y Sociedad (GIAS)

Conferencias y Eventos:

- LATAM Tech Summit (eventos anuales en diferentes países)

- Congreso Iberoamericano de Tecnología y Sociedad

- Simposio Internacional de Ética Tecnológica

Podcasts Especializados:

- "Bits y Bytes" (Podcast Latinoamericano)

- "Tecnología Crítica"

- "Código Abierto"

Esta selección ofrece un panorama integral de recursos para comprender la complejidad de los algoritmos, desde perspectivas académicas, sociales y tecnológicas, con especial énfasis en el contexto latinoamericano.

Apêndice

Recursos fundamentales para comprender el universo de los algoritmos:

Libros imprescindibles:

- "Weapons of Math Destruction" de Cathy O'Neil: Un análisis crítico sobre cómo los algoritmos pueden perpetuar desigualdades sociales.

- "Algoritmos de Destrucción Masiva" de Frank Pasquale: Obra que desentraña los mecanismos opacos de los sistemas algorítmicos.

- "The Age of Surveillance Capitalism" de Shoshana Zuboff: Exploración profunda sobre cómo los algoritmos transforman la economía digital.

Autores de referencia:

- Jaron Lanier: Pionero tecnológico que cuestiona los efectos de los algoritmos en la sociedad.

- Eli Pariser: Investigador que acuñó el concepto de "burbuja de filtros".

- danah boyd: Experta en tecnología y comportamiento social digital.

Publicaciones académicas relevantes:

- Journal of Algorithmic Bias

- MIT Technology Review

- ACM Conference on Fairness, Accountability, and Transparency

Recursos digitales:

- AlgorithmWatch (www.algorithmwatch.org): Plataforma independiente de investigación y vigilancia algorítmica.

- The Markup (www.themarkup.org): Medio especializado en periodismo de investigación tecnológica.

Documentales recomendados:

- "The Social Dilemma" (Netflix): Análisis de los efectos psicológicos de los algoritmos en redes sociales.

- "Coded Bias" (2020): Documental sobre sesgos algorítmicos y discriminación tecnológica.

Organizaciones especializadas:

- AI Now Institute

- Electronic Frontier Foundation

- Data & Society Research Institute

Podcasts y canales:

- "Technically Social"

- "Coded" por Mozilla

- Canal de YouTube "Two Minute Papers"

Conferencias y seminarios:

- FAccT (Fairness, Accountability, and Transparency in Socio-Technical Systems)

- AIES (AI, Ethics, and Society)

Herramientas de análisis:

- Algorithms.wtf

- Fairness Indicators de Google

- IBM AI Fairness 360

Comunidades de investigación:

- Reddit r/algorithms

- Stack Exchange - Computer Science

- GitHub: Repositorios de código abierto sobre ética algorítmica

Esta selección ofrece un panorama integral para profundizar en la comprensión de los algoritmos, sus impactos sociales y perspectivas críticas desde múltiples disciplinas.

Glosario de Términos

A continuación, se presenta un glosario técnico y especializado que permitirá al lector comprender los términos más relevantes relacionados con algoritmos y su impacto tecnológico y social:

Algoritmo: Secuencia ordenada de instrucciones y pasos lógicos que un sistema computacional ejecuta para resolver problemas o realizar tareas específicas, transformando datos de entrada en resultados predecibles.

Burbuja de filtros: Fenómeno digital donde los algoritmos de plataformas online personalizan contenidos basándose en preferencias previas, limitando la exposición del usuario a información diversa y generando un entorno informativo restrictivo.

Datos personales: Información específica de un individuo susceptible de ser recopilada, procesada y analizada por sistemas algorítmicos para generar perfiles de comportamiento y preferencias.

Inteligencia artificial: Sistema computacional capaz de aprender, razonar y ejecutar tareas que tradicionalmente requerirían inteligencia humana, utilizando algoritmos complejos de procesamiento y análisis.

Machine learning: Técnica algorítmica que permite a los sistemas informáticos "aprender" de manera autónoma mediante el análisis de grandes volúmenes de datos, mejorando progresivamente su rendimiento sin intervención humana directa.

Personalización: Proceso mediante el cual los algoritmos adaptan contenidos, recomendaciones y experiencias digitales según el perfil, comportamiento e intereses específicos de cada usuario.

Sesgo algorítmico: Distorsión sistemática en los resultados generados por algoritmos, provocada por prejuicios involuntarios o limitaciones en los datos de entrenamiento que pueden reproducir discriminaciones sociales.

Viralización: Propagación exponencial de contenidos digitales a través de redes sociales, potenciada por algoritmos que identifican y amplifican publicaciones con alto potencial de interacción.

Cierre

En un mundo saturado de algoritmos, nuestra travesía por estas páginas nos ha permitido desvelar los mecanismos invisibles que moldean silenciosamente nuestra experiencia digital. Hemos recorrido un camino que va más allá de la simple comprensión tecnológica, adentrándonos en una reflexión profunda sobre nuestra relación con la información y cómo los algoritmos se han convertido en arquitectos sutiles de nuestra realidad percibida.

Cada capítulo de este viaje nos ha revelado una capa diferente de esta compleja realidad algorítmica. Desde la personalización del contenido hasta los desafíos éticos de la toma de decisiones automatizada, hemos desentrañado un panorama que desafía nuestra concepción tradicional de autonomía y libre albedrío. Los algoritmos ya no son meras herramientas técnicas, sino verdaderos mediadores de nuestra interacción social y personal con el mundo digital.

La invitación que te extiendo ahora es a la acción consciente. No se trata de temer a la tecnología, sino de comprenderla y navegarla con inteligencia crítica. Cada uno de nosotros tiene el poder de transformarse de consumidor pasivo a ciudadano digital informado. La tecnología no nos define; somos nosotros quienes podemos definir cómo interactuamos con ella.

Nuestro desafío colectivo es mantener nuestra capacidad de pensamiento independiente en un ecosistema digital cada vez más automatizado. Debemos cultivar la curiosidad por comprender los mecanismos que nos rodean, cuestionar constantemente los contenidos que consumimos y mantener una postura crítica ante la información que nos presentan los algoritmos.

La responsabilidad no recae únicamente en desarrolladores o empresas tecnológicas. Cada usuario tiene un rol fundamental en este ecosistema digital. La alfabetización algorítmica se ha convertido en una competencia esencial para la ciudadanía del siglo XXI. Significa entender no solo cómo funcionan estos sistemas, sino también sus implicaciones éticas, sociales y personales.

Nuestra época nos demanda ser aprendices permanentes, adaptables y conscientes. Los algoritmos seguirán evolucionando, pero nuestra capacidad de reflexión, empatía y pensamiento crítico será siempre nuestro mayor diferencial. No se trata de resistirse a la tecnología, sino de integrarla de manera constructiva y humanizada.

Te invito a continuar este viaje de descubrimiento y empoderamiento. Que cada página de este libro sea un punto de partida para una exploración más profunda, para cuestionar, para aprender y para desarrollar una relación más consciente con la tecnología que nos rodea. El futuro no está escrito por algoritmos, sino por personas que deciden activamente cómo quieren relacionarse con ellos.

La transformación comienza con la comprensión, y la comprensión es el primer paso hacia el cambio.